BERNARD PALISSY

PAR

E. MARTELET

Membre fondateur de l'Association polytechnique.

PARIS

LIBRAIRIE DE L. HACHETTE ET Cⁱᵉ

BOULEVARD SAINT-GERMAIN, Nᵒ 77

Prix : 25 centimes

BERNARD PALISSY

IMPRIMERIE L. TOINON ET Cᵉ, A SAINT-GERMAIN.

CONFÉRENCES POPULAIRES
FAITES A L'ASILE IMPÉRIAL DE VINCENNES
SOUS LE PATRONAGE
DE S. M. L'IMPÉRATRICE

BERNARD PALISSY

PAR

E. MARTELET

Membre fondateur de l'Association polytechnique.

PARIS

LIBRAIRIE DE L. HACHETTE ET Cⁱᵉ

BOULEVARD SAINT-GERMAIN, N° 77

1868

BERNARD PALISSY

Appelé pour la seconde fois à faire une conférence dans cet asile, j'éprouve un certain embarras pour désigner, d'une manière précise, le sujet dont je me propose de vous entretenir : est-ce un sujet d'histoire ou de morale?

Ce n'est ni l'un ni l'autre exclusivement, mais l'étude que j'ai en vue tient à tout cela et à autre chose encore ; c'est à vous, comme on dit vulgairement, de briser l'os et d'en tirer la moelle.

Cependant, avant d'aborder l'objet réel de

notre entretien, en me retrouvant dans cette
même salle où j'ai déjà pris la parole, mais
en face d'un autre auditoire, il m'a paru nécessaire, pour me mettre en communion
d'idées avec vous, de vous déclarer qu'en
m'écoutant, vous entendrez le langage d'un
ami sincère qui, né dans les rangs des ouvriers, a vécu de leur vie et qui les aime
comme on aime des frères dont on connaît
bien les défauts, mais dont on apprécie les
bonnes qualités.

Je viens donc à vous loyalement, en homme
de bonne volonté, pour vous dire la vérité
sans arrière-pensée, sans exagération et sans
flatterie, je viens causer avec vous pour vous
encourager et pour vous seconder dans
l'amour et dans la pratique du bien ! Puissent
mes paroles, en partant de mon cœur et en
s'adressant à celui de chacun de vous, y
laisser quelques traces ! Dans tous les cas,
je veux, en cherchant à m'unir à vous dans
une même pensée, dans un même sentiment, vous aider, autant qu'il est en moi,
à vous placer à la hauteur des destinées que

la patrie, notre mère bien-aimée, nous a
préparées, nous a conquises, par quatre-
vingts ans d'efforts, de luttes et de sacrifices! Je veux vous aider à comprendre toute
la grandeur des obligations qui résultent
pour nous de cette conquête dont nous avons
raison d'être fiers, mais dont le maintien
dépendra de l'usage que nous saurons en
faire. Que les moins éclairés d'entre vous
apprennent donc au besoin et que ceux qui
ont l'expérience du passé n'oublient pas
que la patrie ne pourra nous conserver cette
conquête dont elle remet aujourd'hui l'ave-
nir dans nos mains, qu'à la condition qu'enfants reconnaissants, nous prouverons à elle
d'abord et ensuite aux nations étrangères,
dont l'œil attentif observe notre attitude au
dedans et au dehors, que nous savons jouir
de nos droits et remplir nos devoirs; qu'enfin nous sommes bien les dignes fils de
cette vieille terre du progrès, de cette glorieuse France, appelée par la voix de Dieu,
au milieu du monde troublé, pour marcher
à la tête de la civilisation et pour en assurer

le triomphe au bénéfice de l'humanité tout entière.

Messieurs, le vénérable Archevêque par qui ces conférences ont été inaugurées[1] nous a signalé l'ignorance et la misère, qui ruinent l'esprit autant que le corps, comme les deux ennemis que notre siècle avait la mission de poursuivre sans relâche et de faire disparaître du sein des sociétés modernes. Il nous a dit que le plus puissant moyen d'éteindre la misère, c'était de répandre l'instruction, parce que dissiper l'ignorance c'est tarir la source d'où découlent la plupart des maux qui font l'homme misérable. Mais il a *dit surtout*, que pour réussir dans cette grande tâche, pour extirper ce terrible fléau, *la misère*, il fallait habituer chaque citoyen à honorer le travail, à aimer la vertu et à la pratiquer, en respectant les liens de la famille, ce ciment énergique de toute société ; qu'il fallait en-

1. La première conférence dans l'asile de Vincennes a été faite par Mgr Darboy.

core qu'en plaçant ses jouissances dans l'accomplissement de ses devoirs de toute nature, chacun s'exerçât, dès sa jeunesse, à subir et même à s'imposer le sacrifice de soi-même en faveur des autres; qu'il fallait apprendre à supporter patiemment les mauvais jours, parce que, dans le calme d'une conscience pure, l'homme de bien doit avoir le courage de subordonner ses intérêts matériels à ses intérêts moraux et religieux; qu'enfin il ne suffisait pas qu'un peuple fût instruit pour être heureux, pour être digne de la liberté, mais qu'il devait s'appliquer à développer en lui et à rendre forts les sentiments de religion, de morale, de dévouement et de fraternité dont les germes ont été déposés, par la divine Providence, au fond du cœur de chacun de ses enfants et qui seuls font les nations grandes et prospères, sous la bénédiction du *Tout-Puissant !*

Inspirons-nous, Messieurs, de ces hautes pensées, sachons y puiser les règles de notre conduite, travaillons à devenir en effet, au milieu de la famille humaine, ce peuple

à l'âme virile proclamé comme modèle par l'éloquent prélat.

Instruisons-nous, pour sortir de l'état de dépression où nous retient l'ignorance, mais efforçons-nous, en même temps, de devenir *meilleurs;* acquérons des lumières, mais faisons-les tourner au profit de nos mœurs, en prenant le goût et l'habitude de ce qui est vrai, de ce qui est juste, de ce qui est honnête ! Soyons donc instruits, si nous pouvons, mais surtout soyons *bons*, soyons *gens d'honneur*, le reste ne vient qu'en seconde ligne et n'est rien sans la moralité dans la vie privée comme dans la vie publique ! C'est ainsi que nous serons dignes de nos droits et que nous apprendrons à en user librement, en respectant les lois divines et humaines qui les consacrent : c'est ainsi que nous mettrons d'accord nos principes et nos actions et que nous saurons remplir avec amour et avec énergie les devoirs que notre condition d'homme et de citoyen nous imposent envers Dieu, envers nous-mêmes et envers la société !

Courage donc, *sursùm corda !* Entrons sans hésiter dans cette voie ouverte devant nous, que les vrais amis du peuple nous montrent du doigt ; marchons-y avec persévérance, et pour nous affermir dans cette généreuse résolution, étudions dans le passé, étudions dans le présent, la vie de ces hommes de sacrifices et d'abnégation, nobles par le cœur, dont la mâle énergie ne s'est laissé rebuter par aucun obstacle dans l'accomplissement de l'œuvre de progrès ou de dévouement qu'ils avaient entreprise au profit de leurs concitoyens, œuvre dont tôt ou tard la patrie a recueilli les fruits. Honorons leurs noms qui illustrent nos annales, si riches en beaux exemples, rendons leur mémoire populaire, en répandant leur histoire dans les masses, par nos conférences, par nos publications, par l'enseignement dans nos écoles, et surtout pour ne pas nous méprendre et placer à faux notre admiration, en prenant la célébrité pour la vraie grandeur, pénétrons-nous bien de cette maxime :

Les plus grands parmi les grands hommes

sont ceux qui ont fait le plus de bien à l'huma-nité en se dévouant à son service.

Pour commencer cette revue de nos gloires nationales, je veux vous raconter, très en abrégé, la touchante histoire d'un simple artisan du xvie siècle, de Bernard Palissy, l'un des plus dignes de l'admiration de la postérité parmi les hommes les plus vraiment grands et les meilleurs de son temps, *l'une des plus riches natures et des plus complètes qui aient existé*, dit un historien célèbre[1] ; il eut pû ajouter, l'un des plus nobles caractères, au milieu de cette époque si désolée par les guerres civiles et par le fanatisme religieux. Le nom de Bernard Palissy (né en 1508, mort en 1589), n'est sans doute pas nouveau pour la plupart d'entre vous ; mais sa biographie étant peu répandue, vous n'en connaissez probablement pas les détails et ils sont tels qu'en vous les exposant ici, j'ai la confiance que vous en ferez ressortir vous-mêmes l'enseignement que je me propose dans cet entretien.

1. Henri Martin, tomes IX et X.

En effet, que de combats soutenus avec une indomptable vigueur, que d'héroïsme véritable et de bon aloi nous présente le récit de cette vie si bien remplie! Voyons-le d'abord ce hardi chercheur, aux prises avec la misère et toutes les amertumes de l'existence, défrichant seul, sans secours, avec une persévérance infatigable, le champ de l'invention, parvenant enfin à surprendre les mystères de la nature et de l'art, et à peine sorti de cette lutte aussi douloureuse qu'acharnée, communiquant à tous d'une main libérale, avec le désintéressement d'un apôtre de la vérité, le secret de ses précieuses découvertes. Puis, lorsque le moment est venu pour lui de jouir en paix, dans une vieillesse heureuse et honorée, du fruit de tant de travaux, persécuté par les ennemis de sa religion[1], jeté dans les prisons de la Ligue et préférant la mort dans un cachot à la honte de se parjurer et d'étouffer le cri de sa conscience.

1. Né en Saintonge, où la religion réformée comptait de nombreux prosélytes, Bernard Palissy était calviniste.

Cet homme, aussi admirable par l'étendue de son génie que par l'élévation de son caractère et la bonté de son cœur, naquit dans un petit village de la Dordogne, à Biron, près de Bergerac, au commencement de ce xvie siècle, qui vit, sous le nom de *Renaissance*, le réveil de l'esprit humain.

C'est à lui que nous devons l'art de produire les émaux sur terre cuite avec la même perfection que les plus célèbres émailleurs italiens, dont il a su deviner les secrets. C'est lui qui a découvert et vulgarisé en France les procédés par lesquels on obtient, sur les poteries, ces teintes inaltérables si riches de couleurs et si fines de nuances, qu'aujourd'hui même encore, après trois cents ans [1], rien ne surpasse, j'allais presque dire rien n'égale, la beauté des pièces qui sont sorties de ses habiles mains ; pièces que se disputent les musées publics et les collections particulières.

---

1. Sa découverte date de 1560.

(Voir au Louvre, à la manufacture de Sèvres, à l'hôtel Cluny, etc.).

J'aurai donc raison d'affirmer qu'on doit le considérer comme le créateur de cette partie importante de la céramique française, lui ce grand artiste, cet habile sculpteur, qui fut aussi un grand savant, car il réunissait à un rare talent comme ingénieur agricole, la science du chimiste, celle du physicien, celle du naturaliste, et il se montrait observateur aussi judicieux que profond, lorsqu'il jetait les premiers fondements de cette théorie lumineuse de la structure intérieure du globe, qui est devenue plus tard la vaste science de la géologie.

Mais comment a-t-il pu, sans professeurs, sans guides, lancer avec succès son esprit dans tant de voies diverses ? Comment a-t-il pu, par lui-même, acquérir tant de connaissances si étendues et si variées, étant sans ressources et sans appui, au milieu des troubles et des guerres intestines qui désolaient le pays ? A quel prix a-t-il conquis aux yeux de la postérité, dans les arts et

dans les sciences, une si haute position, lui qui dans ses ouvrages prend modestement devant ses contemporains l'humble qualité de potier de terre et d'inventeur de *figulines rustiques?* Il faut, pour le savoir, suivre, dans son *Traité de l'art de la terre,* le récit émouvant des épreuves terribles soutenues par ce mâle courage donnant l'essor à son génie, poursuivant la réalisation de son idéal, malgré les difficultés de toutes sortes qui l'étreignent, malgré les périls qui surgissent à chaque instant autour de lui.

J'ai appris la science avec les dents, dit-il quelque part, *n'ayant souvent en ma maison nul moyen pour vivre. Je l'ai apprise dans la nature,* dit-il encore, *n'ayant d'autre guide qu'elle et d'autre livre que le ciel et la terre, lequel est toujours ouvert à tous, car il est donné à tous de connaître et de déchiffrer ce beau livre.*

Né de parents pauvres, qui ne purent qu'à grand'peine lui faire apprendre à lire et à écrire, Palissy enfant eut le bonheur d'intéresser à lui un géomètre-arpenteur de

Montpazier, qui était venu dans le pays pour s'y livrer à un travail de sa profession. Ce géomètre fut tellement frappé de l'intelligence précoce du petit paysan, qu'il l'emmena chez lui pour lui apprendre gratuitement son état, et qu'il lui enseigna effectivement la géométrie, l'arpentage, le nivellement, le lever des plans et le dessin. Devenu, au bout de peu d'années, aussi habile que son maître, l'élève se mit alors à étudier de lui-même la sculpture, la peinture, prenant toujours la nature pour modèle et s'efforçant de l'imiter. C'est ainsi qu'il fut à la fois arpenteur juré, peintre décorateur et même peintre verrier, sculpteur, etc., travaillant de cette triple profession dans les différentes villes de sa province, où sa réputation de praticien laborieux et capable s'était rapidement répandue. Mais ce théâtre de ses premiers succès ne pouvait suffire longtemps à son exubérante activité; tourmenté du désir ardent d'acquérir de nouvelles connaissances, il entreprit de visiter en détail la France, les Flandres,

l'Allemagne, les Pays-Bas. Il employa plusieurs années à parcourir ces différentes contrées, observant avec grand soin tout ce qui, sur son passage, s'offrait à son insatiable curiosité, tantôt les procédés industriels, tantôt la construction des édifices, tantôt les œuvres des grands maîtres de la Renaissance, dont il cherchait à s'inspirer dans ses *figulines rustiques*? Voyageant à pied, vivant au jour le jour et ne reculant devant aucune privation, il allait recueillant partout des notions sur l'histoire naturelle, sur la constitution des terrains, la formation des pierres, le gisement des coquilles fossiles, l'origine des eaux souterraines et des fontaines, les moyens d'élever les eaux, de les assainir, leur action sur les plantes et sur les animaux, l'emploi des marnes et des engrais dans l'agriculture, le traitement des divers minerais et les propriétés des métaux, etc., *amassant*, comme il le dit dans son Traité des eaux et des fontaines, *amassant pratique de toute provenance*. Il n'eut jamais d'autres ressources pour s'instruire,

apprenant sans maître et sans livres, uniquement par l'étude attentive des faits ; les rapprochant, les comparant, saisissant toutes les occasions de s'éclairer auprès des gens de pratique et d'expérience : *je me donnais garde de ennuyer mon esprit*, dit-il naïvement, *aux sciences faites aux cabinets par une théorique imaginative; la nature est une grande ouvrière, l'homme doit être ouvrier à son exemple.*

Chose inouïe, à une époque où les moyens d'étude consistaient uniquement dans les argumentations d'une scolastique souvent stérile ; chose inouïe et qui prouve toute la puissance de ce génie éminemment pratique et investigateur, de le voir oser le premier proclamer l'autorité de l'expérience, en cherchant la vérité dans l'observation directe des phénomènes et non dans les spéculations et les vaines abstractions de l'école ! A lui donc revient l'insigne mérite d'avoir, en ouvrant la vraie route à Bacon, déterminé le prodigieux mouvement scientifique des temps modernes ! Le pauvre artisan de la

Saintonge fut ainsi le précurseur du lord grand chancelier d'Angleterre !

De retour de ses voyages, avec une ample moisson de faits et d'observations, il vint s'établir à Saintes qui était alors en proie aux agitations et aux tempêtes des guerres de religion. Il y vivait dans une certaine aisance du fruit de son travail, comme peintre verrier et comme arpenteur juré, lorsque la vue d'une coupe de terre émaillée, d'un très-beau travail, lui fit concevoir le projet d'en produire une semblable. *J'entrai alors,* dit-il, *en dispute avec ma propre pensée, et dès ce moment rien ne put ébranler ma résolution de découvrir le secret de cette fabrication*; et il y parvint, et il eut la gloire de doter son pays d'une industrie nouvelle ! Oui, encore une fois, ne craignons pas de l'affirmer, Bernard Palissy est celui qui a le plus fait pour le développement et le perfectionnement de la céramique en France; les preuves en sont acquises à l'histoire des arts, et nul ne peut contester que la France ne doive à ses travaux l'art de la coloration

des émaux, des faïences et des argiles de toutes sortes, ce qui forme aujourd'hui l'une des branches les plus fécondes et les plus florissantes de notre industrie nationale !

Comment d'arpenteur et de peintre verrier est-il devenu un grand inventeur en même temps qu'un grand artiste ? Comment....? Ah ! s'il fallait obtenir sa gloire au prix qu'elle lui a coûté, combien d'entre nous, Messieurs, même parmi les mieux doués, se sentiraient tomber en défaillance et n'iraient pas jusqu'au bout !

Je vous l'ai montré rentrant dans le sein de sa famille après de longs et fructueux voyages, recherché pour ses talents et pour son noble caractère, même par ceux d'une religion opposée à la sienne. Certainement il pouvait y vivre tranquille et honoré, malgré les périls des dissensions religieuses, quand le hasard (il n'y a que les hommes de génie qui aient de ces hasards-là) vint pour ainsi dire l'arracher à ses travaux à ses études habituelles et lui proposer un problème dont la solution allait être désormais pour

lui l'objet d'efforts surhumains. Un jour donc, comme je l'ai dit plus haut, le hasard fit tomber dans ses mains une coupe de terre cuite revêtue d'un émail présentant les couleurs les plus riches et les mieux nuancées. C'était probablement un produit des fabriques célèbres de Faënza, de Pesaro, d'Urbino ou de Castel-Durante, c'était dans tous les cas un produit d'un art italien complétement inconnu en France, car nous ne possédions alors que les émaux sur plaques métalliques de Limoges, d'Arras et de Montpellier[1]. La vue de cette magnifique poterie fut pour lui comme une révélation de son génie inventif et il se dit : *On ne connaît pas en France le secret de fabriquer de pareilles choses; eh bien moi, je veux le trouver et le faire connaître à tous.*

Et en effet, lui qui jamais ne s'était occupé de la recherche des terres propres à fabriquer les poteries, pas plus que des substances employées pour les émailler, pour leur

1. Voir la peinture sur émail par Dussieux, 1841.

donner une couverte de diverses couleurs,
le voilà qui se rend à Limoges afin d'étudier les procédés des émailleurs sur mé-
tal. On sait que dès les premiers siècles, la
ville de Limoges était célèbre pour ses émaux
sur cuivre et ses enduits en verre colorié. Il
espérait y recueillir quelques renseigne-
ments utiles à l'exécution de ses projets,
mais il ne put y trouver aucune indication
profitable et il lui fallut retourner à Saintes,
sans y rien rapporter qui servît à le diriger
dans ses essais. Livré dès lors à ses seules
inspirations, *je me mis*, dit-il, *à chercher
comme un homme qui taste en ténèbres*. Cette
expression est remarquable dans sa sincérité
naïve, car elle donne le point de départ et
par conséquent la mesure de l'incroyable
énergie qu'il dut déployer pendant quinze
longues années d'angoisses qu'a duré cette
recherche pleine de déceptions, où il mar-
chait effectivement à tâtons, comme un voya-
geur perdu dans une forêt obscure, sans une
voix amie pour le guider ou tout au moins
pour soutenir son courage ; entrevoyant par

instants la route qui doit le conduire à la lumière et s'égarant de nouveau avant d'avoir pu l'atteindre ! *Or m'étant abusé plusieurs fois, avec grands frais et labeurs*, dit-il plus loin, *j'étais tous les jours à piler et broyer nouvelles matières et construire nouveaux fourneaux avec grandes dépenses en bois, en temps et en argent.* Pourtant, reconnaissant qu'il n'arrivait à rien par cette voie, il voulut tenter d'une autre, et il envoya ses pièces d'essai à des potiers de terre qui les firent cuire dans leurs propres fours et suivant leurs procédés habituels, mais il échoua encore dans cette nouvelle tentative. Les pièces ne résistèrent pas au feu de cuisson nécessaire pour la fusion de l'émail, ou bien elles vinrent si mal, *que chacun se gaussait de l'invention et de l'inventeur et l'estimait-on être fol.* Tout autre se serait laissé abattre par tant d'expériences décevantes et ruineuses, où sa considération et sa fortune recevaient de tels échecs, mais lui, décidé à ne reculer devant aucun sacrifice de temps, d'argent ou d'amour-propre, après avoir

constaté l'insuffisance de ses fourneaux et de ceux des potiers de terre, il résolut d'essayer de ceux des verriers. *Alors, malgré tant de frais déjà perdus, malgré grande confusion et tristesse,* il reprit à nouveau l'étude des substances qu'il avait employées précédemment et il fit avec de nouvelles combinaisons un grand nombre d'échantillons ou *d'épreuves* qu'il soumit au feu d'une verrerie de son voisinage.

Laissons-le raconter lui-même, dans son langage si simple et si éloquent tout à la fois, le récit touchant de cette tentative suprême.

« *Dieu voulut qu'ainsi que je commençais à*
» *perdre courage et que pour le dernier coup*
» je m'étais transporté à une verrerie, ayant
» un homme avec moi chargé de plus de
» trois cents sortes *d'épreuves,* il se trouva
» une des dites *épreuves* qui fut fondue de-
» dans quatre heures, laquelle se trouva
» blanche et polie; de sorte qu'elle me
» causa une telle joie que je pensai être
» devenu nouvelle créature et pensai dès

» lors avoir une perfection entière de l'émail
» blanc. Mais cette épreuve était fort heu-
» reuse d'une part et bien malheureuse
» d'une autre : heureuse en ce qu'elle me
» donna entrée à ce que je suis parvenu ;
» malheureuse en ce qu'elle n'était mise en
» dose ou mesure requise. Je fus si grande
» bête en ces jours-là, que soudain que j'eus
» fait le dit blanc, qui était singulièrement
» beau, je me mis à faire des vaisseaux de
» terre. Combien que je n'eusse jamais connu
» terre et ayant employé l'espace de sept à
» huit mois à faire les dits vaisseaux, je me
» pris à ériger un fourneau semblable à
» ceux des verreries, lequel je bâtis avec
» un labeur indicible, car il fallait que je
» maçonnasse tout seul, que je détrempasse
» mon mortier, que je tirasse l'eau pour la
» détrempe d'icelui : aussi me fallait-il aller
» moi-même quérir la brique sur mon dos,
» à cause que je n'avais nul moyen d'entre-
» tenir un homme pour m'aider en cette
» affaire. Je fis cuire mes vaisseaux en pre-
» mière cuisson ; mais mais quand ce fut à

» la seconde cuisson, je reçus des tristesses
» et labeurs tels que nul homme ne vou-
» drait croire….. car combien que je fusse
» six jours et six nuits devant mon four-
» neau, sans cesser de brûler bois par les
» deux gueules, il me fut impossible de
» pouvoir fondre l'émail et étais comme un
» homme désespéré ; et, combien que je
» fusse tout étourdi du travail, je m'avisai
» que dans mon émail il y avait trop peu
» de la matière qui faisait fondre les autres.
» Ce que voyant je me mis à piler et broyer
» la dite matière, sans toutefois laisser re-
» froidir mon fourneau. Par ainsi, j'avais
» double peine : piler, broyer et chauffer
» le dit fourneau. Quand j'eus ainsi com-
» posé mon émail, je fus contraint d'aller
» encore acheter des pots, d'autant que
» j'avais perdu tous les vaisseaux que j'avais
» faits ; et ayant couvert les dites pièces
» du dit émail, je les mis dans le fourneau,
» continuant le feu en sa grandeur…..[1] »

1. Traité de l'art de terre.

Mais, ô contre-temps fatal! cette fournée sur laquelle reposent toutes ses espérances, où il a mis toutes ses ressources, cette fournée ne s'achèvera pas ; le bois va manquer et l'infortuné Palissy, sans argent, sans crédit, ne pourra se procurer le combustible indispensable ; cependant, s'il laisse éteindre le feu de son fourneau, c'en est fait de sa découverte, car, dans sa détresse, comment entreprendra-t-il une expérience nouvelle! ..... C'est alors que dans un mouvement de passion sublime, s'oubliant lui-même en face de l'idée qu'il poursuit, il jette au brasier dévorant, ses meubles, son lit, son toit, tout, jusqu'au plancher de sa maison, et parvient ainsi à alimenter le foyer sans interrompre un essai dont, par un bonheur inouï, la réussite fut complète !

Il était temps, une lutte si terrible avait, sans abattre son courage, épuisé ses forces et détruit sa santé. « J'étais, dit-il, en une » telle angoisse que je ne saurais exprimer, » car j'étais tout tari et desséché à cause de » la chaleur du fourneau. Il·y avait plus

» d'un mois que ma chemise n'avait séché
» sur moi; encore pour me consoler on se
» moquait de moi et même ceux qui auraient
» dû me secourir allaient criant par la ville
» que je faisais brûler mon plancher et par
» tel moyen on me faisait passer pour être
» fol! Les autres disaient que je cherchais
» à faire la fausse monnaie, qu'était un mal
» qui me faisait sécher sur les pieds, et m'en
» allais par les rues tout baissé, comme un
» homme honteux. Personne ne me secou-
» rait : mais au contraire ils se moquaient
» de moi, en disant : Il lui appartient bien
» de mourir de faim, parce qu'il délaisse
» son métier. »

Et voilà, Messieurs, comment juge le vul-
gaire qui n'a d'encouragements que pour les
succès faciles et qui, méconnaissant le vrai
mérite, ne tient compte que des apparences.
Quel homme, à la place de Palissy, brisé par
tant d'épreuves et d'injustes dédains, n'aurait
perdu courage et abandonné son œuvre !
Mais lui, l'homme au grand cœur, ayant foi
dans son mâle génie, au lieu de se livrer au

désespoir et de s'avouer vaincu, au moment
où la foule cruelle l'abreuve de ses ignobles
injures et le croit écrasé sous le poids d'une
défaite, il se relève plus résolu que jamais
à continuer le combat… Ecoutons les paroles
qu'il s'adresse à lui-même : « Mais quand je
» me fus reposé un peu de temps avec re-
» gret que nul n'avait pitié de moi, je dis à
» mon âme : Qu'est-ce qui te triste, puisque
» tu as trouvé ce que tu cherchais ? Travaille
» à présent et tu rendras honteux tes détrac-
» teurs ; mais mon esprit disait d'autre part :
» Tu n'as rien de quoi poursuivre ton af-
» faire, comment pourras-tu nourrir ta
» famille et acheter les choses requises pour
» passer le temps de quatre ou cinq mois
» qu'il faut auparavant que tu puisses jouir
» de ton labeur ? »

Et cependant l'infatigable athlète rentre
de nouveau dans l'arène, pressé de prouver
à tous qu'il a enfin trouvé le secret de l'émail
italien ; il s'adjoint un ouvrier potier afin de
gagner du temps, *mais c'était une chose pi-
toyable, car j'étais contraint nourrir le dit*

*potier en une taverne à crédit, parce que je
n'avais nul moyen en ma maison, et quand je
le congédiai je fus contraint, par faute d'argent, de lui donner mes vêtements pour son
salaire,* et il recommence à construire lui-
même, tout seul, encore un four ; enfin il
obtient une nouvelle fournée. Mais, *quand
j'en vins, dit-il, à tirer mon œuvre, mes
douleurs furent augmentées si abondam-
ment que je perdais toute contenance ; car,
combien que mes émaux fussent bons et
ma besogne bonne, néanmoins des accidents
étaient survenus à ladite fournée, lesquels
avaient tout gâté...* Les briques du four
s'étaient fendues sous l'effort de la flamme et
en s'éclatant elles avaient projeté leurs débris
sur les pièces qui sans cela eussent été irré-
prochables [1]. Leur couverte est criblée de
ces débris qui s'y sont incrustés ; l'émail,

---

1. C'est pour échapper à ces graves accidents qu'il
a imaginé les *casettes* ou *manchons*, sorte de *case* en
terre très-réfractaire, dans laquelle on met la pièce
comme dans un étui. Ces étuis sont toujours employés
dans les fours de nos fabriques.

la coloration sont d'une pureté parfaites mais les pièces sont hors de service; *et combien que la besogne fut par ce moyen perdue, toutefois aucuns en voulaient acheter à vils prix; mais parceque ce eut été un décriement et un rabaissement de mon honneur, je brisai en morceaux entièrement le total de la dite fournée et me couchai de mélancolie, car je n'avais plus de moyens de subvenir à ma famille. Je n'avais en ma maison que reproches. Au lieu de me consoler on me donnait des malédictions... J'ai cuidé entrer jusqu'à la porte du sépulcre. Je m'allais pourmener dans la prairie de Xaintes, en considérant mes misères et ennuis et sur toutes choses, de ce qu'en ma maison même je ne pouvais avoir nulle patience ni faire rien qui fut trouvé bon; toutefois je sentais que le doigt de Dieu ne m'abandonnait pas et l'espérance que j'avais me faisait procéder en mon affaire si virilement que plusieurs fois, pour entretenir les personnes qui me venaient voir, je faisais mes efforts de rire combien que intérieurement je fusse bien triste!* Et en revenant sur les ac-

cidents que nous avons signalés, il ajoute :
Afin que tu t'en donnes de garde, je te dirai
quels ils sont. Aussi, après cela, je t'en dirai
un nombre d'autres, afin que mon malheur
te serve de bonheur et que ma perte te serve
de gain.

Quoi de plus touchant, Messieurs, quoi
de plus digne de nos respects et de nos sym-
pathies que ce simple récit que j'ai extrait
textuellement du livre de *l'Art des terres.*
Quelle précieuse leçon nous en pouvons
tirer pour notre propre conduite ! De
quelle admiration ne nous sentons-nous
pas transportés, quand après une lutte
si longue et si terrible, nous voyons Bernard Palissy, maître enfin de sa conquête,
adresser à son lecteur ces généreuses et
saintes paroles :

« Le doigt de Dieu, qui ne m'avait pas
» abandonné, se signala par la beauté de
» ma découverte et je fis vœu, dès lors, de
» t'instruire des malheurs que j'avais éprou-
» vés, en poursuivant mon idée sans re-
» lâche, afin de t'exciter à ne jamais laisser

» mollir ton courage ni ta foi dans ton
» créateur, au milieu des plus grandes tra-
» verses de ta vie, et je me résolus à te faire
» participer au gain de mon invention ainsi
» qu'à d'autres receptes véritables par les
» quelles tous les hommes de la France
» pourront apprendre à multiplier et aug-
» menter leurs thrésors.

» Item ceux qui n'ont jamais eu cognois-
» sance des lettres pourront apprendre une
» philosophie nécessaire à tous les habi-
» tans de la terre. »

Je vous ai dit, en commençant cette conférence, que l'artisan peintre verrier, l'humble potier de terre, dont j'allais vous
raconter l'histoire, était l'une des plus
remarquables illustrations du xvie siècle,
génie aussi original qu'artiste habile; ai-je
besoin d'ajouter maintenant que ce fut un
des meilleurs, un des plus vaillants cœurs
qui aient jamais battu dans une poitrine
d'homme! Ah! l'industrie, dans ses rudes
batailles, a ses héros comme la guerre! C'est
ce que disait, dans son langage noblement

imagé, notre célèbre Arago, en parlant des grands inventeurs : *Ceux-là, ce sont les maréchaux de l'industrie et ils ont, dans la gloire nationale, une part au moins aussi large que les maréchaux qui sont à la tête des armées.*

Bientôt le bruit de ses succès se répandit jusque dans les provinces les plus éloignées de la ville de Saintes ; ses poteries émaillées furent préférées à celles du florentin della Robia, aux émaux sur cuivre de Limoges, aux faïences d'Italie. Ses *figulines rustiques* furent recherchées par les plus grands seigneurs de la cour, pour en orner leurs châteaux. Le connétable de Montmorency se prit d'une vive admiration pour les terres cuites de Palissy, et le chargea d'en décorer sa riche demeure d'Écouen. La protection, l'amitié même dont il entoura le grand artiste, valurent à celui-ci un accueil des plus bienveillants de la part de la favorite, Diane de Poitiers, qui lui confia le soin d'embellir de figulines émaillées, de mosaïques en terre coloriée et de verrières, sa délicieuse rési-

dence d'Anet. La reine-mère, Catherine de Médicis, malgré sa haine contre les huguenots, le manda auprès d'elle pour lui remettre la direction et l'entreprise des ornements du palais et du jardin qu'elle venait de faire construire dans un terrain situé au delà des fossés du Louvre. En ce lieu-là même, se trouvait une tuilerie dans laquelle Bernard Palissy fonda l'atelier d'où sortirent une foule d'œuvres aussi belles de vérité que d'exécution, l'artiste prenant toujours pour modèle, dans le choix de ses sujets, la nature, *cette grande ouvrière*, comme il l'appelle dans ses livres. C'est à cette époque où son talent était si justement et si généralement apprécié, qu'il enrichit de ses nombreuses productions les superbes châteaux de Saint-Germain, de Nesles, de Rœux, de Chaulnes, etc... Le parc de Chaulnes fut exécuté d'après le plan aussi curieux qu'original qu'il a donné dans *son desseing d'un jardin délectable*, dédié au maréchal de Montmorency, fils du connétable. La pensée de créer ce jardin, pendant un moment de trêve

entre les réformés et les catholiques, fait si bien apprécier la bonté de son âme, que je vous demande la permission de m'y arrêter un instant.

Vous savez que Bernard Palissy était protestant; or, voici comment il raconte les circonstances qui lui donnèrent l'idée de cette création : « Quelques jours après que les
» émotions et guerres civiles furent appaisées,
» dit-il, et qu'il eût plu à Dieu nous en-
» voyer sa paix, j'estais un jour me pourme-
» nant le long de la prairie de cette ville de
» Xaintes, près du fleuve de Charente, et
» ainsi que je contemplais les horribles dan-
» gers des quels Dieu m'avait garenti au
» tems des tumultes et horribles troubles
» passez, j'ouy la voix de certaines jeunes
» filles qui étaient assises sous des aubiers
» et chantoyent le pseaume 104[1], et parce-

1. C'est le pseaume qui finit ainsi :

Sus, sus, mon cœur, Dieu où tout bien abonde
Te faut louer, louez le tout le monde.

Les psaumes de David mis en rimes françoises par Clément Marot et Théodore de Bèze. Édition Lucas, à Charenton.

» que leurs voix étaient douces et bien ac-
» cordantes, cela me fit oublier mes pre-
» mières pensées, et m'estant arresté pour
» escouter le dit pseaume, je laissai le plai-
» sir des voix et entray en contemplation sur
» le sens du dit pseaume, et ayant noté les
» poincts d'iceluy, je fus tout confus en ad-
» miration en disant à moy mesme : O di-
» vine et admirable bonté de Dieu ! à la
» mienne volonté que nous eussions les œu-
» vres de tes mains en telle révérence comme
» le prophète nous enseigne en ce pseaume !
» Et dès lors je pensai de figurer en quelque
» grand tableau les beaux paysages décrits
» au pseaume sus dit, et pensai de trouver
» un lieu convenable pour édifier un jardin
» jouxte le desseing, ornement et excellente
» beauté, et ayant déjà figuré en mon esprit
» le dit jardin, je trouvay que je pourrais
» auprès, édifier un palais ou cité de refuge
» pour recevoir les chrétiens exilés en tems
» de persécution, qui serait une sainte dé-
» lectation et honnête occupation de corps et
» d'esprit !..... »

Suit la description, pleine d'enthousiasme et de charme, de toutes les richesses que, dans son inépuisable bonté, la main du Créateur a répandues sur la terre pour le bien-être et les jouissances de l'homme, et alors, pénétré d'un sentiment d'ineffable reconnaissance pour le divin auteur de toutes choses, il s'écrie, à la vue de tant d'objets merveilleux que la nature lui présente : *Non, Salomon, dans toute sa gloire, ne fut jamais aussi resplendissant que le moindre d'entre eux !* et il ajoute : *Toutes ces choses me donnayent un si grand plaisir, que je disais en moy même que les hommes étaient bien fols d'ainsi mépriser les lieux champétres et l'art d'agriculture, le quel nos pères anciens, gens de bien et prophètes, ont bien voulu eux-mêmes exercer et mesmes garder les troupeaux, et je m'esmerveillois d'un tas de fols laboureurs, que soudain qu'ils ont un peu de bien qu'ils auront gagné avec grand labeur en leur jeunesse, ils auront après honte de faire leurs enfans de leur estat de labourage, ains les feront du premier jour plus grands qu'eux-*

mesmes, et ce que le pauvre homme aura gagné à grande peine et labeur, il en dépensera une grande partie à faire son fils Monsieur, le quel Monsieur aura enfin honte de se trouver en la compagnie de son père et sera déplaisant, qu'on dira qu'il est fils de laboureur. Et si de cas fortuit, le bonhomme a plusieurs enfants, ce sera ce Monsieur là qui mangera les autres et aura la meilleure part... *A la mienne volonté, disais-je lors, que les hommes eussent aussi grand zèle et fussent aussi affectionnés au labeur de la terre comme ils sont affectionnés pour le reste, et alors la terre serait bénite et elle produirait en leur saison des fruits abondans, au grand profit d'un chascun, tant ceux des campagnes que ceux des villes.*

Quel admirable bon sens ! Comme dans sa forme naïve ce langage est rempli de sagesse, comme on y reconnaît le véritable amour du prochain. Mais je m'arrête, car vous connaissez à présent l'homme tout entier, et si je me laissais aller, je citerais le livre jusqu'au bout.

Cependant la guerre de religion avait re-

commencé avec une nouvelle fureur sur plusieurs points de la France désolée. La Saintonge, l'Aunis, la Guyenne, le Languedoc, la Provence et le Dauphiné étaient le théâtre d'une lutte d'extermination aussi impitoyable que sanglante, où d'effroyables dévastations, d'horribles massacres, accompagnés de profanations sauvages, se commettaient, de part et d'autre, au nom d'un Dieu de paix, de justice et de miséricorde ! L'exécrable Blaise de Montluc, chez les catholiques, le féroce baron des Adretz, chez les réformés, rivalisaient d'atrocité à la tête des bandes de fanatiques dont ils étaient les dignes chefs. Ils allaient à travers le pays, ravageant les campagnes, saccageant les villes, et sous le prétexte impie de défendre chacun leur croyance, ils portaient partout le meurtre, le pillage et l'incendie ! Quelle leçon, grand Dieu ! présente le tableau lamentable des discordes civiles qui ont ensanglanté les règnes odieux des derniers Valois ! En lisant les récits des contemporains, l'esprit épouvanté se refuse à croire à

de pareilles horreurs, et pourtant, hélas ! ces récits affreux sont consacrés par l'impartiale histoire !

En ce temps-là, un certain Philibert Hamelin, homme de mœurs austères, doué d'une rare éloquence et protestant zélé, fut arrêté comme mécréant, propagateur de doctrines impies, jeté dans les prisons de Saintes et traduit devant la justice. *Je pris la hardiesse*, dit Bernard Palissy, *bien que la chose fut grandement périlleuse en ces terribles jours, d'aller remontrer à six des principaux juges et magistrats de notre ville, qu'ils avaient emprisonné un homme de pieuse vie, un prophète, un ange de Dieu envoyé pour annoncer sa parole...* Mais malgré ses courageux efforts, le généreux Palissy ne put sauver son infortuné coreligionnaire, et le vertueux Hamelin fut pendu le 18 avril 1557, comme *malfaicteur entaché d'hérésie !*... Bientôt arrêté lui-même, comme complice de celui dont il avait osé se constituer le défenseur, condamné d'avance à la mort, en punition de son noble dévouement à la vertu

et au culte qu'il avait embrassé, il fut con-
duit à Bordeaux pour être cité devant le
parlement de cette ville, qui l'eût certainement envoyé au supplice, sans la puissante
intervention du connétable de Montmorency. Celui-ci, intéressant la reine-mère
en faveur de son protégé, lui fit conférer par
son entremise le titre d'inventeur des figulines rustiques des palais et châteaux royaux,
et parvint ainsi à le soustraire à la juridic-
tion du parlement de Bordeaux, en faisant
alors évoquer la cause par le grand conseil
de la maison du roi, qui laissa tomber les
poursuites en les ajournant indéfiniment.

Grâce à ce stratagème, le pauvre Palissy
put échapper à ses bourreaux et se réfu-
gier à Paris, où tout en se livrant, avec l'aide
de ses neveux[1], à la pratique de son art, il
reprit, avec une nouvelle ardeur, ses chères

---

1. Nicolas et Mathurin Palissy, élèves et imitateurs de
leur oncle, ont pris part à ces travaux céramiques de
décoration et au moulage des œuvres du maître, en poteries telles que vases, plats, buires, etc., ce qui explique
le grand nombre de pièces cataloguées sous son nom

études sur les secrets des choses naturelles, la physique du globe, l'agriculture, etc. C'est pendant cette période plus calme d'une existence jusqu'alors si agitée, qu'il publia les admirables traités dont nous vous avons parlé en commençant et qu'il se résolut à en faire l'exposition publique dans des conférences où chaque auditeur avait la liberté d'exprimer ses doutes et de critiquer les découvertes du maître. *Je veux*, disait-il, *appeler tout le monde à cette démonstration publique, et qu'on puisse m'y donner argument contraire, lequel j'adopterai s'il est meilleur à connaître que celui mis en avant par moi pour le profit de chacun.* Ces conférences avaient lieu dans un cabinet d'histoire naturelle[1] formé par ses soins et qu'il avait disposé suivant l'ordre des démonstrations qu'il présentait dans son enseignement.

dans les collections privées et publiques. On sait d'ailleurs que Bernard Palissy n'a pas signé ses ouvrages, certaines commandes du roi et de la reine mère portent seules, comme poinçon officiel, la fleur de lys.

1. C'est le premier qui ait été créé à Paris.

Les plus grands artistes et les plus savants
hommes de son temps [1], Jean Goujon, le res-
taurateur de la sculpture en France, Germain Pilon, Pierre Lescot, Philibert Delorme, Ambroise Paré, le père de la chi-
rurgie française, Pierre Ramus, le profond
et hardi penseur, Barthélemy Prieur, Fran-
çois Briot, ses émules en statuaire, et tant
d'autres non moins célèbres dont les noms
m'échappent, répondirent à son appel et
vinrent prendre place au milieu des au-
diteurs charmés qui se pressaient à ses

1. Jean Goujon, né à Paris en 1520, tué d'un coup d'ar-
quebuse dans l'horrible massacre de la Saint-Bar-
thélemy, 24 août 1572.

Germain Pilon, sculpteur, né à Loué en 1515, mor
en 1590; son groupe des trois Grâces est un chef-
d'œuvre digne de l'antique.

Pierre Lescot, né à Paris en 1510, mort en 1571, a
construit au Louvre la façade du pavillon de l'Horloge.

Philibert Delorme, architecte des Tuileries, né à Lyon
en 1501, mort en 1580, auteur d'un traité sur l'art de
bâtir, 1561.

Ambroise Paré, né à Laval en 1518, mort en 1590, le
plus grand opérateur de son temps; sa devise était :
Je le pansay, Dieu le guarist.

Pierre Ramus ou la Ramée, illustre philosophe, assas-
siné le 24 août 1572, par les massacreurs *guisards.*

leçons ; rendant ainsi un public et éclatant hommage à l'étendue des investigations, à l'excellence de la méthode, à la solidité des aperçus et à la fécondité des déductions de ce lumineux esprit essentiellement observateur et inventif. Quant à lui, oublieux de sa propre gloire et de sa fortune, en faisant ces conférences, il n'avait qu'un but, avancer les sciences naturelles par l'étude des faits ; son idée dominante s'y formulait ainsi : secouer le joug des traditions de l'école en s'habituant à *observer, penser, conclure* : enfin, sa grande âme s'y montrait tout à nu, en laissant un libre cours à son unique passion : *découvrir la vérité pour la répandre parmi les hommes.*

Cette mission, qu'en véritable apôtre du progrès, il s'était donnée d'émanciper intellectuellement ses contemporains, en leur dévoilant les prétendus mystères de l'art et de la science, en propageant et en vulgarisant la connaissance des choses utiles, occupa en grande partie la seconde moitié de sa vie. On trouve la trace de ce besoin de révélation à cha-

que page de ses précieux ouvrages : *Si tu as quelque recepte, ne la cèle point*, dit-il dans son *Traité de la Marne, ce ne serait pas bien fait à toi d'ensevelir un secret profitable à la république*. On reconnaît partout, en le lisant, qu'il s'était imposé le devoir de montrer le lien qui existe entre les procédés, les secrets de l'atelier et les doctrines qui forment le domaine de l'école; *ce sont matières si bien concaténées ensemble*, suivant lui, *que l'une donne l'intelligence de l'autre*. C'est ainsi qu'en établissant le premier, l'alliance de la pratique et de la théorie, il fut l'initiateur des grandes découvertes des siècles postérieurs et qu'en procédant constamment de la première à la seconde, pour revenir ensuite de la cause à l'effet, il prépara l'avénement et le triomphe de la méthode expérimentale dont notre époque recueille aujourd'hui les précieuses et vastes conquêtes. Proclamons en outre, à son éternel honneur, que dans le grand mouvement industriel dont nous sommes les heureux témoins, la science moderne a confirmé les

vues larges et profondes, les hautes concep-
tions de ce hardi novateur qui fut un penseur aussi original, aussi puissant, comme
savant, qu'éminent comme artiste[1].

Me voici arrivé, Messieurs, au bout de la
tâche que je m'étais proposée, mais j'é-
prouve, en l'achevant, un sentiment d'a-
mère douleur que vous partagerez, j'en suis
sûr! Pourquoi faut-il que j'aie à vous révé-
ler, à la honte de l'humanité, qu'après
cette longue carrière si laborieusement et si
dignement remplie, Bernard Palissy, parvenu à un âge très-avancé, au lieu de finir
ses jours en paix, justement honoré par les
respects et l'affection de ses concitoyens,
termina, au contraire, sa glorieuse vie sous
le coup de leurs persécutions! O! funestes
effets des dissensions intestines, tandis que
ce vénérable vieillard consacrait ses der-
nières années à tant de travaux utiles, la

1. On lui doit, entre autres découvertes scientifiques, la
théorie : 1º des puits artésiens; 2º de la force expansive
de la vapeur; 3º des méthodes d'agriculture les plus re-
commandées; 4º des éléments de la géologie, etc.

tourmente religieuse s'était réveillée plus violente que jamais ; les poursuites légales contre les protestants avaient été rétablies, et cette fois, hélas ! rien ne put l'y soustraire.

Arraché de son asile des Tuileries par les ligueurs, il fut sommé, sous peine de mort, de se convertir au catholicisme. Mais résolu à périr plutôt que de renier sa croyance, il demeura inébranlable devant les menaces et les sévices du fanatique Launoy et fut, par ordre des Seize, incarcéré à la Bastille. C'est dans cette prison qu'il mourut, en 1589, *fidèle à ses convictions*, victime des fureurs civiles d'un siècle, dont il était une des gloires les plus pures.

Ainsi s'éteignit dans les fers, à l'âge de 82 ans, cet homme de rare valeur et de haute vertu, modèle imposant et sublime d'énergie, de dévouement et de probité austère, qui fut grand par le génie et le talent, grand aussi par le caractère et, ce qui vaut mieux que tout cela, plus grand encore par la noblesse et la bonté de son cœur !

On lit dans le *Journal de l'Estoile* que Henri III, accompagné du comte de Maulevrier, fit une visite au prisonnier pour essayer de le déterminer à abjurer, et suivant d'Aubigné (*Histoire universelle*, art. 11), tel serait le langage que tint le roi :

« Mon bonhomme, il y quarante ans que vous êtes au
» service de ma mère et de moi. Nous avons enduré que
» vous ayez vescu en votre religion parmi les feux et
» les massacres : maintenant je suis tellement pressé par
» ceux des Guise et mon peuple qu'il m'a fallu, malgré
» moi, vous laisser mettre en prison et que je suis
» *contraint* de vous abandonner entre les mains de mes
» ennemis qui vous brusleront si vous ne vous conver-
» tissez.

A quoi, toujours suivant le même auteur, Bernard Palissy répondit :

— « Sire, je suis prêt à donner ma vie pour la gloire
» de Dieu et le salut de mon honneur. Vous m'avez dit
» que vous aviez pitié de moi, et moi j'ai pitié de vous,
» qui avez prononcé ces mots : *Je suis contraint!* ce
» n'est pas parler là un langage royal et c'est ce que vous
» mesme, ceux qui vous contraignent, les Guisards et
» tout votre peuple, ne pourrez jamais sur moi ; car je
» sais mourir. »

Imprimerie L. Toinon et Cie, à Saint-Germain.

LIBRAIRIE DE L. HACHETTE ET Cᵉ

BOULEVARD SAINT-GERMAIN, Nº 77, A PARIS

BIBLIOTHÈQUE A 25 CENTIMES LE VOLUME

ET A 35 CENT. POUR LES OUVRAGES SOUMIS AU TIMBRE

Format petit in-18

AUCOC : Notions sur l'histoire des voies de communication. 1 vol.

BAUDRILLART (*de l'Institut*) : Vie de Jacquart. 1 vol.
— Luxe et Travail. 1 vol.
— L'Argent et ses Critiques. 1 vol.
— La Propriété. 1 vol.
— Les Bibliothèques et les Cours populaires. 1 vol.
— Le Salariat et l'Association. 1 vol.
— Le Crédit populaire. 1 vol.

BÉRARD (Paul) : Économie domestique de l'Éclairage. 1 vol.
— La Matière des végétaux. 1 vol.

COMBEROUSSE (Ch. de) : Les Grands ingénieurs. 1 vol.
— La Femme dans la Famille. 1 vol.

DARBOY (Mgr) : Le Gouvernement de soi-même. 1 vol.

DAUBRÉE (*de l'Institut*) : La Chaleur intérieure du globe. 1 vol.
— La Mer et les Continents. 1 vol.

DUVAL (Jules) : Des Sociétés coopératives de production. 1 vol.
— Des Sociétés coopératives de consommation. 1 vol.
— Des Sociétés coopératives de crédit. 1 vol.
— René Caillié. 1 vol.

EGGER (E.) *de l'Institut* : Le Papier dans l'antiquité et dans les temps modernes. 1 vol.
— Un Ménage d'autrefois. 1 vol.
— Études d'Histoire ancienne. 1 vol.
— L'Egypte moderne et l'Egypte ancienne. 1 vol.
— De l'Histoire et du bon usage de la langue française. 1 vol.

FLAMMARION (Camille) : Les Héros du travail. 1 vol.

FRANCK (A) *de l'Institut* : De la Famille. 1 vol.
— La Vraie et la Fausse Égalité. 1 vol.

GUEBHARD (A) : De la Lumière électrique. 1 vol.

HÉMENT (F): De l'Aluminium. 1 vol.

LAPOMMERAYE (de) : Les Sociétés de secours mutuels. 1 vol.

LAVOLLÉE : L'Exposition universelle de 1867. 1 vol.

LECLERT (Émile) : La Voile, la Vapeur et l'Hélice. 1 vol.

LEVASSEUR : La Prévoyance et l'Epargne. 1 vol.

  — Du Rôle de l'intelligence dans la production. 1 vol.

PASSY (F.) : L'Industrie humaine. 1 vol.

MENU DE SAINT-MESMIN : L'Ouvrier autrefois et aujourd'hui. 1 vol.

MORIN (Ernest) : Montyon, ou la vie d'un homme de bien. 1 vol.

  — Les Prix Montyon. 1 vol.

MARTELLET (E) : Bernard Palissy. 1 vol.

PAYEN (de l'Institut) : L'Eclairage au gaz. 1 vol.

PERDONNET : Les Chemins de fer. 1 vol.

  — Utilité de l'instruction pour le peuple. 1 vol.

QUATREFAGES (de) de l'Institut : Le Ver à soie. 1 vol.

  — Histoire de l'Homme. I. Unité de l'espèce. 1 vol.

REBOUL DENEYROL : Aperçu historique sur l'Asile et les Conférences. 1 vol.

RIANT (Aimé) : Le Travail et la Santé. 1 vol.

  — L'Hygiène du Foyer. 1 vol.

ROBERT (Charles) : De l'Ignorance. 1 vol.

ROUCHÉ (Eugène) : Le Système du Monde et le Calendrier. 1 vol.

SIMONIN : Le Mineur de Californie. 1 vol.

  — Les Cités ouvrières de Mineurs. 1 vol.

  — Les Grands Ouvriers. 1 vol.

WADDINGTON (Ch.) : Des Erreurs et des Préjugés populaires. 1 vol.

WOLOWSKI (de l'Institut) : Notions générales d'Economie politique. 1 vol.

  — De la Monnaie. 1 vol.

WORMS : Quelques considérations sur le mariage. 1 vol.

Ces volumes sont la reproduction de conférences faites à l'Asile Impérial de Vincennes, sous le patronage de S. M. l'Impératrice.

Imprimerie L. TOINON et Cᵉ, à Saint-Germain.